ACTES SUD - PAPIERS
Fondateur : Christian Dupeyron
Editorial : Claire David

Cette collection
est éditée avec le soutien de SACD
*Société des Auteurs
et Compositeurs Dramatiques*

Cet ouvrage a été réalisé en collaboration
avec Valérie Dardenne (MC 93).

ISSN 0298-0592 ISBN 2-86943-415-4

PETER SELLARS

théâtre et histoire contemporains I

ACTES SUD - PAPIERS

CONSERVATOIRE NATIONAL
SUPÉRIEUR D'ART DRAMATIQUE

MC 93 BOBIGNY

Apprendre 1

APPRENDRE

L'acteur est seul. On peut dire que cette solitude, il l'a choisie ou faite sienne. Elle est au cœur de sa vocation, il la subit. Il a une famille, des amis mais il s'est lui-même mis – cela a souvent été relevé – dans la position ou à la place de l'orphelin. Le répertoire est à ce point plein d'histoires de familles : pour les interpréter, il fallait bien que certains, les acteurs, aient la patience, la passion de s'en absenter.

Au moment d'ouvrir cette collection, interrogeons-nous sur ce qui peut venir en aide à l'acteur quand il est seul.

Souhaitons-lui d'avoir appris à l'école (ou de lui-même) à revenir quotidiennement à son entraînement corporel et vocal. Souhaitons-lui d'avoir retenu une batterie d'exercices qui lui réchauffe le corps, intensifie les sensations, développe le souffle, clarifie la voix. Souhaitons-lui d'aimer le théâtre, pas uniquement parce qu'il y paraît, mais comme un Art.

Souhaitons à l'acteur d'être un amateur d'art, un lecteur éclairé, un étudiant. Nos aînés, les plus grands d'entre nous, ceux qui font notre admiration, nous les avons connus toujours étudiant, toujours spectateurs passionnés.

Cette collection s'appellera donc *Apprendre* et l'on trouvera des ouvrages qui concernent l'histoire du théâtre, la diction, la prosodie ou l'acoustique...

Nous recueillerons la parole des maîtres vivants, rassemblerons les écrits, les notes des grands pédagogues et des grands interprètes.

Ces savoirs, ces questions, la répétition de ces questions, ces relevés pratiques, souhaitons à l'acteur gai qu'il s'en nourrisse, lui qui est appelé à interpréter et à réinterpréter, à revisiter les héritages pour "les plonger dans notre présent" et à inventer. Allègre, sauveur de mondes.

On l'aura compris, cette collection, à l'initiative du Conservatoire national supérieur d'art dramatique, est ouverte à tous les chercheurs, historiens, pédagogues, hommes de théâtre et cinéastes, acteurs, dont les écrits contribuent, joints à l'exercice de notre art et brûlant de son feu, à développer ce que Bernard Dort a nommé "le savoir de l'acteur".

MARCEL BOZONNET
Directeur du Conservatoire national supérieur d'art dramatique

“THÉÂTRE ET HISTOIRE CONTEMPORAINS”

Face aux agressions programmées pour le dominer, l’homme du XXe siècle a répondu par l’amnésie, le temps mou, dans une sorte de non-lieu historique. Après soixante-quinze ans de révolution et de stagnation, l’acteur soviétique continue de fermer et d’ouvrir comme si de rien n’était les portes et les fenêtres d’une datcha perdue dans un rêve vieux de cent ans. “Voici le diable qui vient.” A l’ouest, l’idéologie de l’*American way of life* est venue fort à propos relancer le commerce zazou de l’immédiat après-guerre. Ses avatars post-modernes s’interrogent encore aujourd’hui gravement sur l’anti-héros... La télévision pendant ce temps, et chaque année avec plus de science, se chargeant de nous inventer une mémoire. Or, voilà que soudain l’histoire resurgit, et précisément au moment où l’on annonçait qu’elle était morte dans son lit. C’est vrai que nous touchons la fin d’un cycle, celui du repu. “La guerre, et notamment la guerre civile, la surenchère nationaliste et les formes diverses de fanatisme, le cortège des horreurs et des haines, la surpopulation et l’exode rural, la rupture des chaînes de transmission du savoir et des coutumes, le chômage et les migrations forcées, la destruction continue de l'environnement et l'existence menacée d'espèces entières", ce catalogue des beautés du siècle, qui émane de Georges Lavaudant et de Jean-Christophe Bailly, redonne paradoxalement une mémoire à nos contemporains. Une des fonctions du théâtre, c'est précisément cela, transmettre, accompagner la mémoire, constituer celle d'un peuple, d'une génération. Une mémoire qui redonnerait aux hommes et aux femmes de la fin du XXe siècle le sens de l'épique – voilà des mots qu'il est urgent de redéfinir : épopée, héros. Proposons une définition minimale : épique, c'est avoir une date de naissance, avoir vécu et peut-être, pour certains d'entre nous, être mort à l'heure qu'il est. J'existe donc je suis un héros. La mémoire contre la perte.

L'objet des conférences "Théâtre et histoire contemporains", on pourrait dire "Ecriture et histoire" aussi, est aujourd'hui au cœur du théâtre. Se pose le problème de la constitution d'un répertoire contemporain, c'est-à-dire, entre autres, la constitution collective d'une mémoire, d'une mémoire active qui redonnerait justement sa place à l'épique. Poser le problème de la mémoire, c'est bien évidemment poser le problème de la perte, de la perte d'identité, mais aussi de la perte collective, et le problème de l'écriture.

Je crois que Peter Sellars est celui qui a le plus répondu à cette question fondamentale, à cette perte, à ce sens de perte, de manque, et je dirais presque de mutilation. Nous avons tellement besoin de récupérer cette mémoire aujourd'hui pour nous, et notamment pour le théâtre.

PATRICK SOMMIER
Homme de théâtre, a été directeur artistique de la MC 93
de 1986 à 1994, actuellement directeur
des "Saisons françaises en Russie"

Peter Sellars a tenu cette conférence le 10 novembre 1993 au CNSAD à Paris, à l'occasion des représentations à la MC 93 de Bobigny de son spectacle les Perses.

PETER SELLARS *(Peter Sellars s'exprime en français)* : Pour commencer, le théâtre possède un sens du temps, c'est le présent. C'est le moment actuel entre nous. C'est le moment où je suis ici, vous êtes là. C'est un moment que l'on ne peut pas répéter. C'est un moment exact, précis, toujours. Le théâtre ne peut faire que le présent. Mais ce qui est intéressant, c'est qu'il parle du passé et du passé dans le présent.

C'est très simple mais c'est la définition du théâtre. Donc il me semble normal que les œuvres classiques soient jouées d'une façon très présente. Logique ? J'aurais bien voulu vivre au XVIIIe siècle, mais je ne peux pas, j'existe maintenant et je peux simplement parler des choses qui m'arrivent. Je ne suis pas qualifié pour parler des autres choses.

De plus, je déteste l'imagination. Je préfère aller vers les choses que l'on peut goûter, les choses que l'on peut sentir en direct, rendre compte des choses qui sont vraiment avec nous, maintenant. Sentir le mouvement des esprits, les fantômes d'une salle par exemple. On peut sentir la présence de nos ancêtres dans un lieu et ça nous donne beaucoup parce que nous ne sommes jamais seuls : nous sommes toujours en présence de nos ancêtres qui nous parlent sans cesse, mais nous ne savons pas comment écouter.

Pour être comédien, il faut que l'esprit d'un de vos ancêtres parle dans votre corps. Vous êtes universel. Universel simplement pour qu'une certaine sagesse des ancêtres puisse être communiquée à nouveau en ce moment historique.

Je pense toujours aux classiques, comme par exemple cette maison dont on a hérité mais pour y vivre, il faut bien entendu installer des lumières électriques, on ne s'éclaire plus aux bougies et on a aussi le chauffage, c'est normal. Les classiques ne sont pas faits pour être admirés mais pour vivre avec. Ils ont toujours été des outils créés pour être utilisés d'une façon très directe. C'est comme si on mettait un marteau dans une vitrine de musée. Avant c'était un marteau. Mais maintenant on l'admire, on ne touchera plus jamais un clou avec. Partout dans le monde, on admire les marteaux, mais ce sont des outils. Ils nous ont été donnés pour que nous puissions construire un monde.

Ce que j'aime dans le théâtre, c'est que ce n'est jamais fini. On est toujours en train de travailler. Avec mes spectacles, quand les gens me disent qu'ils sont venus voir une de mes productions, je leur demande : "Quel soir ?" Je change quelque chose chaque soir. Je suis toujours dans les loges, on change les choses chaque soir. Le travail n'est jamais fini parce que le théâtre est toujours un processus, jamais un point d'arrivée. On n'arrive jamais. C'est aussi platonique que cela. C'est un processus d'évolution, de devenir. On a déjà toutes les connaissances, et puis au moment de la naissance, on perd tout.

Nous sommes ici sur la planète *Terre* dans le processus du souvenir. Se souvenir des choses que nous avons déjà sues. Pour cela, Aristote parle de "re-connaissance" : on a déjà connu. Le but du drame, c'est la "re-connaissance". Le moment le plus profond de notre vie, c'est le moment où on comprend quelque chose, que l'on avait déjà compris, et on "re-comprend". On est très ému parce que c'est un moment où l'on touche à une identité qu'on avait. Aristote parle de la "re-connaissance" précédée par le "renversement". Il faut toujours renverser le monde. Dans ce monde, les gens qui ont le pouvoir sont les plus bas. C'est comme Œdipe-Roi, il sait tout mais il ne sait rien du tout. Il voit mais il est aveugle. Il est roi, mais il est vraiment clochard. Et lorsqu'il a les yeux crevés, il voit. Dès qu'il est chassé d'une ville, il part sur les routes avec des chiens qui lèchent sa peau, il devient roi et commence à comprendre quelque chose.

C'est toujours ce "renversement", comme dans Molière, les servants sont les maîtres et les maîtres sont les servants. C'est toujours cette question de renverser le monde pour que l'on puisse vraiment le voir. Dès que l'on a renversé le monde des apparences, on commence à toucher une vérité qu'on savait. On en sait plus que ce qu'on lit dans les journaux, que ce qu'on voit à la télé et que ce qu'on dit à nos copains. Nous disons des bêtises, mais nous en savons plus. Nous passons la plupart de nos jours à mentir. Nous avons peur d'être qui nous sommes : nous cherchons à être celui que nous devons être face à celui à qui nous parlons actuellement. Cela demande du courage d'être simplement qui nous sommes.

REGARDER LE MONDE

Au théâtre, c'est cela la question : est-ce que l'on peut arrêter de mentir pendant quinze minutes, pas même deux heures, déjà trois minutes c'est beaucoup ! Est-ce qu'on peut trouver quelque chose qui n'appartienne pas fortement à ce monde des apparences ?

Aristote dit que la poésie est plus importante que l'histoire. L'histoire parle des choses telles qu'elles étaient et la poésie parle des choses telles qu'elles pouvaient être. Nous avons toujours besoin de ne pas simplement regarder le monde comme il est, mais de regarder le monde comme il pourrait être.

Le but d'un artiste n'est pas simplement de voir le monde d'une façon plate : quelqu'un est violent donc la police le chasse et on le met en prison. C'est le problème avec notre société, on regarde les apparences seulement. Non, la question du théâtre c'est : cette personne est violente, pourquoi ? Et si on demande pourquoi, on peut faire une intervention créative et non destructrice. De nos jours, nous savons seulement comment intervenir d'une façon destructrice, comme lors de la guerre du Golfe, comme pour nos prisons, comme la façon de traiter notre mère ou notre sœur, on crie et on jette les choses.

Mais la question est : est-ce qu'il y a une alternative à la violence ? La poésie a été inventée pour cela : exprimer des choses d'une telle douleur, des choses difficiles qui ne sont pas faciles à dire. Que faut-il faire pour dire les choses très difficiles ? Comment peut-on parler de notre père ? Qui peut raconter cela, les choses que père ne veut pas entendre ? C'est une question de famille, mais aussi une question de société. Est-ce qu'il y a une alternative à la violence ?

Bien entendu, si on veut parler avec notre père, il faut d'abord lui parler avec beaucoup d'amour.

C'est ça le théâtre, dire des choses très, très difficiles, douloureuses, mais avec amour. Si on ne les confrontait pas, elles deviendraient encore pires. On ne peut pas vivre et chercher à éviter les choses.

Donc le but du théâtre, c'est d'abord d'identifier les choses dont on a le plus peur dans la vie, d'aller directement vers elles et de vivre chaque jour avec la plus grande douleur, personnelle et sociale. Ne pas mourir avec mais vivre avec. Ne pas devenir triste et dire : "Qu'est-ce que l'on peut faire ? Rien." Donc, on ne vote pas et on ne participe pas. On décide que le monde est trop pourri et on ne peut rien faire.

Le théâtre, c'est une espèce d'activisme pour dire qu'un seul être humain est quelque chose d'immense. Vraiment dans *Hamlet*, la question est : vivre ou ne pas vivre, regarder le monde comme une espèce de rêve ou être réveillé et actif, engagé avec ce qui est pourri *au royaume du Danemark*, et s'engager d'une façon directe ou indirecte. Molière pose le problème de la survie, il faut avoir une stratégie. On ne peut pas simplement toujours insulter les gens. Je sais, j'ai insulté pas mal de gens quand même, mais il faut vivre toujours pour la prochaine bataille. Il ne faut pas se suicider. Il y a une certaine gloire dans le suicide, mais enfin…

Nous avons tous ce défaut américain : le succès, la réussite. Chaque jour, on est entraîné à penser à cela. Bien entendu, le succès, c'est l'amour. Et ça, c'est un vrai problème. On le voit dans la culture américaine par exemple, chaque écrivain de théâtre contemporain, à part Eugene O'Neill, est devenu pire au cours de sa vie. Leurs meilleures pièces sont les premières, pour Arthur Miller, Tennessee Williams, Sam Sheppard. C'est une vraie crise. Il faut se souvenir que le théâtre n'a rien à voir avec le succès. Œdipe-Roi, Hamlet, Macha dans *les Trois Sœurs* ne sont pas des histoires à succès. Le théâtre, c'est l'histoire des grands échecs. Bien entendu, on n'arrive jamais à changer ce monde, mais il faut continuer à essayer quand même. Personne ne va te remercier. Harry Truman a dit : “Si tu veux de la reconnaissance, achète-toi un chien.” Ce monde n'est pas fait pour ça. Et c'est pour ça qu'on est très ému par Roméo et Juliette, parce qu'ils n'ont changé ni les Capulet ni les Montaigu. Les Capulet et les Montaigu restent toujours horribles. Mais deux personnes ont dit : “Nous refusons de vivre comme ça, vivons à part et nous créerons un monde au moins entre nous, dans lequel ça vaut la peine de vivre.” Ils n'ont pas réussi, mais cinq cents ans plus tard, on raconte toujours leur histoire parce que ça donne un moment de gloire et de joie dans l'âme. Il y a quelque chose dans cette tristesse qui donne du courage. Alors, on continue à jouer l'histoire de ces deux jeunes, qui sont désespérés parce qu'ils refusaient de vivre entourés de haine, de racisme, et... cette façon de dire : "Ces gens sont bien, ces gens sont mal."

Au théâtre, cela va sans dire, il n'y a pas de vilains. On est tous vilains, ou tous des héros. Nous avons toujours, chaque instant de nos vies, le choix. Le vilain, ce n'est pas un type. Le héros, ce n'est pas un type. Il y a le choix à tout moment. Et si on parle de l'histoire, c'est simplement parce que cela nous est donné. Nous sommes ici grâce au travail et aux sacrifices de nos ancêtres, des gens qui sont morts pour que nous puissions être vivants. Il faut respecter cela. Il faut respecter les gens qui ont eu du courage dans ce monde parce que, autrement, on perd toute espérance. Chaque jour, on est devant un monde si laid, si agaçant, qu'on perd toute espérance. On raconte l'histoire de nos ancêtres qui étaient courageux mais à chaque fois que l'on pense que notre période est la pire, il faut se souvenir de la guerre de Trente Ans. C'était jamais gai, jamais agréable, jamais facile.

Mais je pense plutôt à une notion de l'histoire orale que l'on trouve en Orient et en Afrique. Quand les Français, les Anglais, les Allemands sont arrivés en Inde ou bien en Afrique, ou bien à Java, ils ont dit : "C'est une société primitive parce qu'il n'y a pas une littérature écrite, pas de bibliothèques... qui racontent les histoires." Mais dans un village africain, il y a un griot, un musicien, un barde. Ce qui est très important dans cette tradition, c'est que les Africains savaient quelque chose que nous ne savions pas. C'est l'inverse de nos livres d'histoire où tous les dix ans, ils deviennent embarrassants. L'appréhension de l'histoire du Guatemala d'il y a dix ans est embarrassante, il faut jeter où tous les livres. Il faut avoir une histoire "re-visionnée", révisionniste. Toutes les bibliothèques sont remplies de livres déjà discrédités parce qu'ils sont embarrassants. Ce qu'on disait au XIXe siècle des Pays-Bas, c'est embarrassant, on le regarde et on rigole. Or, les Africains savaient que chaque jour l'histoire doit être refaite. On raconte l'histoire, c'est "re-conter". C'est un conte, un mythe déjà. Il ne s'agit pas de choses particulières, de faits particuliers. Comme disait Aristote, les faits particuliers ne sont pas intéressants, mais les structures morales sont intéressantes. On ne regarde pas l'histoire pour les faits particuliers, lui, il faisait ça à ce moment et puis ça, et on peut toujours en discuter pendant des siècles. Ça ne sert à rien. C'est l'histoire d'une autre époque, l'histoire des bilans, des comptes ; notre société où les comptables sont des dieux parce que les valeurs du marché sont les seules valeurs qui existent au présent. Les personnes les plus valables dans la société sont les comptables. Il faut tout considérer et regarder l'histoire de façon à tout prendre en compte.

Mais cette vision est très matérialiste. C'est une approche de l'histoire tout à fait matérialiste ; la seule chose importante de l'histoire de Che Guevara, c'est le mythe de Che Guevara, parce que le mythe de Che Guevara donne la puissance, donne la force à la prochaine génération. *C'est par le mythe que l'on peut agir.* Le particulier parle de l'échec du Che, le mythe parle d'une possibilité de Che Guevara. On a besoin de mythes "agréés" pour souder une société. Si on veut être précis : entre nous, on se tue parce que nous ne sommes pas d'accord sur différentes choses. S'il y a un mythe qui permet une existence en groupe et crée un espace assez généreux pour accueillir plusieurs points de vue, nous commençons alors à avoir une société. Dans un village africain, le griot, chaque soir, réinvente l'histoire, il change les détails pour que cela puisse répondre à nos besoins ce soir-là. Il peut ouvrir une voie, un sens moral, et parler des conséquences à long terme de nos actions, parce que le plus souvent nous vivons avec une pensée à très court terme.

LA DÉMOCRATIE

Ce qui est intéressant dans le théâtre, c'est que, comme nos vies politiques, la réflexion est à court terme, mais également à très long terme. Il y a des spectacles, s'ils sont faits correctement, dont on se souvient dix ans, vingt ans, trente ans plus tard. C'est ça que j'essaie de faire dans mes spectacles. Vos réactions pendant le spectacle ne m'intéressent pas du tout. Si les gens aiment ou n'aiment pas cela m'est égal, si les gens partent ou restent cela m'est aussi égal, parce que je sais que dix ans plus tard, ils vont quand même se souvenir. Quelque chose est enfoui et explosera plus tard. Il ne s'agit pas d'un moment dans le théâtre, il s'agit de dix ans plus tard, dix jours plus tard, le matin suivant parce qu'il faut vivre avec. Dans le théâtre, on plante une graine le soir du spectacle qui va, comme un arbre, grandir avec le spectateur, pour le reste de sa vie. Donc, on veut créer quelque chose qui donne la possibilité du mouvement, d'un avenir, ce n'est pas fini au moment où le rideau tombe. Dans la plupart de mes spectacles, on ne peut rien dire juste après, on ne sait pas quoi dire, ça c'est bien. Je veux qu'on ait une réaction assez compliquée, pour que ça se développe avec vous. Jamais deux spectateurs ne voient le même spectacle, c'est souvent comme ça chez moi parce que je mets trop de choses sur scène, toujours. C'est impossible de tout comprendre et ça c'est important pour moi. Je ne veux pas que quelqu'un puisse venir et puisse penser qu'il a tout vu, c'est d'une arrogance que je ne supporte pas. C'est simplement parce qu'on ne peut pas rendre compte de tout ce qui se passe. J'utilise toujours plusieurs niveaux à la fois, les contradictions, les pots cassés... Quelqu'un a vu quelque chose qui se passe là, son copain a vu quelque chose qui se passe là-bas et à l'entracte, ils comparent : ils ont vu le spectacle différemment. Et ça c'est très important parce que cela offre la possibilité d'une discussion.

A mon sens c'est cela la démocratie, la possibilité d'une discussion. Nous existons simplement dans ce monde pour lancer des discussions qui n'ont pas déjà eu lieu dans notre société ou bien qui ont eu lieu de façon trop primitive, trop légère, pas assez sophistiquée. Notre but est d'élever le niveau de cette discussion pour avoir une vraie démocratie. Il faut toujours courir après des discussions qui n'ont pas eu lieu à un certain moment de nos vies.

Qu'est-ce qui s'exprime, qu'est-ce qui ne peut être discuté en public dans une société polie ? Le théâtre grec, c'était ça. Les thèmes du théâtre grec soulevaient des problèmes impossibles à mentionner en public : nous avons tué notre mère, j'ai été violé(e), comment sont traitées les prisonnières de la dernière guerre, c'était affreux, on ne discute pas. Les Grecs ont basé le théâtre sur ces questions, ils ont rassemblé tous les citoyens – vingt mille personnes – présents au même instant pour parler des choses les plus angoissantes d'une société, pour en parler avec de la danse, de la musique, de la poésie. Parce que comme ça on a peut-être la possibilité de supporter cette discussion. Nous vivons dans une période où les informations sont très censurées, avec une violence terrible, avec un racisme épouvantable. Le seul moyen de lutter contre cela, c'est la culture… Donc pour moi, les jeunes, les jeunes acteurs, vous tous, vous êtes choisis pour être les leaders de votre génération, et pour engager votre société dans cette grande lutte, pour prendre soin des gens, pour leur donner un moment de tendresse dans cette période d'une telle violence et donner un moment de réflexion dans une période de fascisme. Quand notre pensée est contrôlée, il est possible de créer une façon de penser non contrôlée par l'extérieur, il est possible d'avoir une vie privée qui chaque jour est contredite par notre économie de marché.

Quelle est la valeur d'un seul être humain ? Quelles que soient nos raisons, nous n'avons pas le droit de tuer une seule personne.

J'aimerais que vous nous parliez un peu plus précisément de votre travail sur les textes, et en particulier sur les Perses *d'Eschyle.*

PETER SELLARS : Pendant la guerre du Golfe, j'étais à Bruxelles. Je regardais CNN, et nous répétions *la Mort de Klinghoffer*, spectacle à propos du détournement du paquebot *Achille Lauro*. C'était horrible de voir à l'écran chaque matin, le jeu vidéo de Norman Schwarzkopf et puis de se rendre au théâtre où on était en train de mettre en scène l'angoisse palestinienne et israélienne. On a toujours vu un seul point de vue présenté par les médias, c'était abominable. C'était embarrassant de voir l'impossibilité d'une vraie discussion sur les questions de cette guerre : son aspect mensonger, c'était absolument choquant. Même lors de la guerre du Viêt-nam, de la guerre d'Algérie, on avait une discussion. Mais là, pendant la guerre du Golfe, surtout aux Etats-Unis, on ne pouvait pas avoir la moindre discussion ou on n'était pas patriote et cela n'est pas acceptable pour une démocratie. Jusqu'à aujourd'hui pas un seul sénateur ne peut dire qu'il était contre la guerre du Golfe, ni même Bill Clinton, président libéral qui a envoyé les Tomahawks à Bagdad il y a quelques mois. Ça c'est dégoûtant de tuer les gens pour élever sa popularité dans les ports. *(Applaudissements.)*

Si on est humain, c'est un outrage. On ne peut pas supporter cela. Il arrive un moment où l'on dit que c'est plus acceptable et l'on fait un spectacle. C'est pour ça que nous travaillons, autrement pourquoi faire des spectacles ? Parce que c'est joli de faire du théâtre ? Je ne le pense pas : il faut toujours avoir une nécessité pour créer quelque chose, autrement c'est une indulgence et le monde n'a pas besoin de cela. C'est quelque chose d'"extra". Nous ne pouvons pas supporter les "extras", en ce moment. Nous avons besoin des "essentiels". C'est pourquoi dans

Les Perses.

les Perses il n'y a pas de décor, on n'a rien sur scène sinon les comédiens.

On avait tout un spectacle de jeux vidéo sur CNN, mais on n'a pas vu un seul Irakien à l'écran, ni mort, ni vivant, pendant cinq semaines. C'était nettoyé, aseptisé. Je voulais imaginer en regardant les tirs à l'écran, ce qu'était "le pchuu" qui était dedans. Je voulais voir les êtres humains qui étaient en dessous. C'est pour cela qu'on n'a rien sur scène, sauf les êtres humains, parce qu'on a vu toutes les autres choses à l'écran. Et comme je viens de le dire, il faut toujours avoir une stratégie. Il me semble qu'Eschyle avait une stratégie incroyable : présenter la guerre du point de vue des gens qui ont tout perdu. Si l'histoire est écrite par les vainqueurs, notre âme permet à l'histoire d'être écrite par les vaincus. C'est très touchant que la première pièce intégrale que nous ayons dans toute l'histoire du théâtre de l'Ouest soit *les Perses* d'Eschyle.

Le but du théâtre est de nous permettre de vivre dans la peau de nos ennemis, parce qu'il est trop tard dans l'histoire de les conserver. Nous ne pouvons plus supporter les ennemis parce que nous n'avons plus assez d'argent et que c'est trop dangereux. Il faut trouver un moyen de parler à nos ennemis sans référence aux armées ou aux bombardements. Et il n'est pas permis de "sataniser" les gens qu'on n'aime pas. Par exemple, en ce moment, tous les musulmans, les islamistes sont, bien entendu, les vilains, les personnes horribles, les terroristes. Comme dit David Koresh dans *We Go to Texas* : "Tous les chrétiens sont des terroristes et il faut chercher avec la police dans toutes les églises pour les attraper."

Qu'est-ce que le monde de l'Islam ? C'est la pièce de Voltaire, *Mahomet le Prophète* ? C'est ça l'Islam ? Au moins, Voltaire essayait d'écrire l'au-delà de la Chine, pour au moins imaginer qui était Gengis Khān, cet acte d'imaginer l'autre, c'est important pour commencer. Il me semble que cette œuvre d'Eschyle nous donne la permission de parler d'un point de vue opposé. Par exemple, on a vu tous les Anglais gênants qui venaient dans *le Mikado* en disant : "Nous sommes les Japonais." C'est ça que j'adore dans le drame, ça nous permet d'être quelque chose que nous ne sommes pas, parce que bien entendu, il faut être quelque chose que nous ne sommes pas encore. Dieu a créé tous les autres gens du monde pour te forcer à changer ta vie. Donc, il faut les rencontrer, il faut parler avec eux.

Pour *les Perses*, je voulais commencer avec les choses essentielles, donc il n'y a rien sur scène. Le théâtre grec était plutôt un théâtre dansé, un théâtre de musique, un théâtre avec une poésie transmise par les masques. Ici le son est très important, le paysage est créé par le son, les micros donnent la voix officielle mais aussi une voix très personnelle comme celle d'un *close up* dans un film, une sorte de confession personnelle.

Il y a aussi la danse. On a des éléments sacrés dans le théâtre grec, il faut se rendre compte que c'était religieux, donc j'ai sur scène la danse sacrée de Java et un jeune danseur javanais qui est un trésor de la cour royale de Djakarta, il travaille pour le sultan là-bas. Il est sur scène pour critiquer la danse sacrée, il fait des méditations dansantes, c'est une espèce de prière pour lui. Dans la tradition théâtrale javanaise, si on est un acteur, on a une découpe de l'ombre chinoise de son personnage, on met ça avec une petite flamme devant : avant chaque représentation, il a médité devant cette ombre pour que l'esprit de l'ombre entre dans le comédien. Dans ce spectacle, Miroto médite sur la photo agaçante qui est dans la brochure de saison de Bobigny : un homme brûlé vif. Chaque soir, Miroto, avant le spectacle, fait une méditation, avec l'âme de cet homme brûlé, et c'est ça qu'il emmène sur scène et il demande la permission de le représenter sur scène. C'est une méditation, une façon de rendre honneur aux gens qui sont morts d'une façon terrible, et pour nous une façon d'essayer de soulager leur douleur.

Plus haut je parlais des voix qui n'étaient pas permises. Pour ça, un acteur sourd-muet joue, il ne s'exprime que par gestes. Pour dire que rien ne part des mots, mais des actions, la possibilité d'actions dans une période où les mots trichent. Howie, c'est la possibilité d'une action pure ; les mots, les idées, les principes, les questions

Les Perses.

morales deviennent physiquement partie de nous.

Est-ce que c'est dans notre corps ou pas ? Il faut "vivre les beaux mots", pas simplement les répéter. Donc pour Howie, c'est la question de vivre dans ses propres mots, physiquement.

Le grand homme noir, Ben Halley Jr, qui joue le chœur, vient de la tradition de l'Eglise noire américaine, ce qui est très, très proche de la tragédie grecque où la plus grande joie est liée absolument avec la plus grande tragédie : nous ne jouons pas la tragédie pour être tristes, mais pour donner la joie, et ça, c'est la tradition gospel. On chante des choses épouvantables pour atteindre la joie pure, et cette tradition de l'extase, c'est aussi la tradition du théâtre grec. On parle de choses horribles pour atteindre une extase, une joie, qui donne la vie.

L'autre homme qui interprète le chœur est Joseph Haj, un jeune acteur palestinien. Il fallait, d'abord, avoir un Arabe sur scène, mais aussi un homme qui puisse parler de sa propre expérience, d'une certaine peur à quatre heures du matin quand les policiers arrivent, et ce sens de l'isolement absolu. Jo Haj, tous les soirs, représente l'homme dans une rue de Bagdad, un homme isolé, un homme dans la confusion, un homme qui ne peut rien faire. Et il faut qu'il parle toujours en même temps que la voix de Ben Halley Jr, qui est la voix de toute l'histoire, le pouvoir du pays, le destin. Donc, ce petit homme est toujours lié à la voix du destin, c'est-à-dire qu'ils parlent ensemble, et c'est un peu confus, parce que nous sommes tous chaque jour dans la confusion, entre notre voix personnelle, privée, et la voix publique, la grande voix de notre destin, le destin des nations, la voix de l'histoire. Donc, j'introduis cette tension, dès le début du spectacle, entre une voix privée et une voix publique. C'est cet aspect dans chacune de nos vies qui est vraiment confus.

Il y a aussi Cordélia, une artiste. Cordélia Gonzalez est portoricaine et elle représente une *first lady* dans un pays du tiers-monde, bien vêtue mais terrifiée, toujours terrifiée parce que le système n'est basé sur rien, un

Cordélia Gonzalez dans *les Perses*.
© Wolfgang Kirchner

programme de terreur si terrifiant qu'il ne faut jamais, jamais l'admettre. Alors que si l'on est *first lady*, il faut toujours dire que les choses sont bien et soutenir le régime. Cordélia est à la fois issue des Latinos aux Etats-Unis, et des crises de l'Amérique centrale, dont témoigne cette distance entre le gouvernement officiel et la vie des peuples, ces gouvernements artificiels créés par l'Ouest, ces hommes mis à la tête d'un pays mais n'en provenant pas. J'espère que vous prenez tout cela, j'aurais pu le dire d'une façon magnifique en anglais mais…

Enfin Xerxès est joué par un jeune Portoricain, John Ortiz, qui est très, très important pour moi. John Ortiz a vingt-trois ans, il vient directement de la rue, de Brooklyn, d'une des rues les plus violentes, Bedford-Spuyten, et il montre la crise dans les rues américaines, en ce moment : la crise des skinheads, des *gang leaders*. Je ne voulais pas parler que de Saddam Hussein, je voulais parler de tous les gens qui doivent vivre contre, contre les Etats-Unis, contre le grand pouvoir économique, contre… et du sacrifice : si on a vingt-trois ans à Los Angeles, on est un contre-*gang leader*, on sait qu'aucun de nos copains ne vivra après l'âge de vingt-cinq ans, ils seront tous tués. C'est quoi cette violence dans nos villes ? Ce n'est pas une violence en Irak, c'est une violence qui nous appartient, qui appartient à une génération. La dernière heure du spectacle ne parle pas tellement de la guerre du Golfe parce que ce ne sont pas des choses suffisamment distantes. Le théâtre sert à montrer qu'il n'y a aucune distance dans ce monde. Si quelqu'un est tué en Afrique, c'est toi qui meurs. Nous sommes tous responsables pour tous les êtres de la planète. Et le théâtre nous offre cette évidence.

John Ortiz joue le jeune roi, et son message, sa façon de dire les paroles de la tragédie grecque est sur le rythme du rap. On se rend compte que ces mots dans le théâtre antique étaient chantés aussi d'une façon rythmique. Et donc, nous voyons ses mouvements toujours comme ça. *(Mime.)* Et c'est très gênant, beaucoup de gens me disaient qu'ils voudraient que cette dernière scène soit beaucoup plus lente. Parce que ça va très, très vite. Mais c'est comme ça, exactement, c'est le rythme des rues, et ça ne s'arrête jamais.

Il y a aussi les musiques de Hamza el-Din, le grand maître nubien. Je voulais une musique qui puisse parler des choses métaphysiques, qui puisse créer le paysage, le désert. Quand Hamza commence à jouer, on a tout ce paysage du désert qui arrive avec sa musique. Ça nous donne la chaleur. Ça nous donne le froid. Tout l'horizon. Ça nous donne à voir nos ancêtres parce que Hamza appartient à cette tradition africaine, cette tradition d'une histoire orale. Il chante les chansons de son grand-père mais complètement récrites à sa façon. Donc, il est le lien vivant, historique.

Voici les éléments avec lesquels je travaille.

Le théâtre, de nos jours, fonctionne avec les grands metteurs en scène, les Peter Stein et tout ça. Ça devient des productions immenses et très chères. Il me semble que c'est un peu offensant dans cette période. Je peux

Les Perses.
© Marc Enguerand

dire ça, après avoir monté *Saint François d'Assise*, le plus grand, le plus cher spectacle du monde. Mais précisément en réaction, peut-être, à *Saint François*, je veux créer maintenant avec des outils plus directs. Dans *les Perses* on n'a que six instruments pendant les deux heures du spectacle et je voulais créer un spectacle qui puisse se jouer dans les écoles, dans les parcs publics, n'importe où.

Quelle place a pour vous la spiritualité dans le théâtre, dans vos créations ? Vous semblez très influencé par les courants de spiritualité.

PETER SELLARS : Le théâtre a toujours été un lieu spirituel, une espèce de rituel, même pas un rituel mais un acte religieux, dès que ça débute. Et même si on parle du théâtre comme Goldoni, toujours le fait d'avoir des personnages jumeaux qui sont confus en parlant des autres mondes, des autres vies... ce ne sont pas simplement des personnages jumeaux confus, c'est quelque chose de beaucoup plus intériorisé, profond, qui parle de nos identités, des vies que nous avons eues avant, ces vies multiples que nous avons tous.

Il faut simplement dire que le but du théâtre, c'est de rendre visible le monde invisible. La plupart des gens pensent que ce qui est visible donne le pouvoir. Or le vrai pouvoir est quelque chose d'invisible. C'est ça la culture, c'est quelque chose d'invisible entre nous. Mais que nous avons en commun. Le théâtre sert à le rendre visible pour qu'on le sente, parce que ça devient de plus en plus difficile, aujourd'hui, de sentir ces choses que nous avons entre nous. Donc, bien entendu, mes spectacles sont très religieux. Souvent dans mes spectacles, j'utilise les pratiques religieuses de différentes cultures, de leurs différentes manifestations sur terre. Pour mon travail avec le *Los Angeles Festival*, j'ai passé récemment pas mal de temps à visiter Bornéo, j'ai observé les tribus, j'étais là-bas pour une semaine lors d'un festival "Danse et Football". Les tribus se rassemblaient sur le fleuve Mahakam pour deux semaines chacune, pour le football et la danse. Et c'est religieux tout ça. Quand on regarde, on sent ce qui permet à une société de "se lier". C'est une anthropologie de construction. C'est ça qui nous donne les colonnes grecques, les roseaux qui sont liés pour créer des colonnes qui peuvent supporter une société. Par contre, chaque roseau tout seul est faible, mais liés ensemble, ça nous donne une colonne. C'est ça l'anthropologie de notre architecture, c'est la connexion avec le mot *religare.*

Quels sont vos rapports avec les comédiens ?

PETER SELLARS : Ils me détestent, je suis un monstre. *(Rires.)*

Nos relations sont très informelles, parce que j'aime travailler avec des amis. Et donc, je ne travaille qu'avec des amis très proches de moi. Quand on met quelqu'un dans un spectacle, ça veut dire qu'on veut dîner avec lui. Donc, disons… c'est mon seul critère. C'est quelqu'un que je veux connaître parce que c'est ça qu'il faut avoir sur scène, des gens qu'un public veut connaître. Il faut dire : "Ah, c'est quelqu'un d'intéressant, je veux vraiment savoir qui il est." Donc je choisis des gens très intéressants pour moi. Mes répétitions… On déjeune ensemble, on dîne ensemble. Les repas sont très importants. Je ne répète pas beaucoup, parce que je pense que les répétitions sont devenues une espèce d'idolâtrie : aller ensemble répéter chaque petit mouvement du petit doigt. Il faut vivre, c'est tout ce qui compte sur scène. Il ne faut pas prétendre vivre, il faut vivre. Je ne répète presque jamais les petits tableaux, les épisodes, je répète tout le spectacle, chaque jour, sans jamais arrêter. Les répétitions d'habitude, commencent dans l'après-midi. On reste toujours très tard parce qu'il y a un café très proche. On reste très tard au café, on bavarde, on lit les journaux, on raconte des histoires, et après un certain temps, le régisseur général dit : "Ça fait déjà quarante-cinq minutes." "OK, OK." On entre dans la salle de répétition, on commence au début du spectacle et on n'arrête pas jusqu'à la fin, comme ça les acteurs ne peuvent jamais sortir. N'importe quelle crise, il faut être dedans, il faut rester dedans. S'il y a crise, il faut faire avec, et la faire devenir réalité. Elle est là, elle est immuable, par contre avec l'actrice, le comédien, je peux changer le spectacle chaque soir. Ce soir, je vais aller dans les loges et changer des choses, deux minutes avant que ça commence. Je peux faire ça, parce que les comédiens… c'est très, très informel nos relations. Ils sont très flexibles parce que nous avons toujours répété d'une façon très, très flexible. Ce n'est jamais le même spectacle deux fois. Si une scène est différente elle modifie la scène après, et la scène suivante, et la suivante. Le comédien peut rendre compte de tous ces changements. Souvent je ne dis pas les changements à tous les comédiens mais seulement à l'un d'eux. Chaque soir, il faut vraiment réagir. A chacune de mes productions, le public réagit vraiment, il est aussi étonné.

J'ai été très influencé par John Cage et les choses aléatoires. J'ai pas mal de choses, souvent dans mes spectacles, les choses qui sont simultanées et qui terminent de façons différentes. Par exemple, quelqu'un n'a pas encore fini avec sa scène, mais vous, vous avez fini avec votre action. Alors, il faut improviser. Je fais toujours les choses comme ça, où tout se lie avec les autres choses. On n'est presque jamais indépendant dans mes spectacles. J'utilise souvent avec les comédiens des techniques très différentes, comme dans *les Perses*. Les six comédiens possèdent des techniques absolument différentes, et des idées du théâtre tout à fait différentes, des façons d'être dans l'espace très différentes, des façons vocales très différentes. Il faut toujours chercher un rapprochement. Il faut toujours chercher un réajustement, chaque soir, entre deux hommes très différents, deux sensibilités très contrastées. Par exemple, Ben et Jo doivent regarder la manière dont Miroto danse, pour donner leur voix. Howie est vraiment sourd. Il ne peut pas écouter. Il ne peut pas entendre. Il ne peut pas parler. Donc chaque soir, il ressent le temps très différemment de nous. Soir après soir, le tempo de Howie est très lent ou très rapide, selon sa propre horloge intérieure. Parce qu'il n'entend pas les choses, il n'a pas les mêmes repères pour juger, il a son propre rythme cardiaque. Le *timing* de

Les Perses.
© Marc Enguerand

Howie, c'est son battement de cœur, qui est un soir très rapide, un soir plus lent. Ça force les autres comédiens à faire des réajustements continuels. Par exemple, Howie fait de très, très grandes pauses dans ce spectacle, pour lui elles ne sont pas grandes du tout. Pour les autres comédiens, ce sont de vrais défis.

Ça m'intéresse parce qu'il faut s'interroger pas seulement dans le théâtre, mais dans le monde, sur la manière de vivre ensemble. J'essaie dans chacun de mes spectacles de poser cette question. Est-ce que c'est possible, pour ces gens, de vivre ensemble ? Eh bien, on ne sait jamais. Mais chaque soir, on essaie.

Vous parlez de comédiens. Vous parlez de vivre ensemble. Vous faites renaître Eschyle. J'aimerais savoir s'il y a des auteurs contemporains qui vous intéressent. Et ma deuxième question, quel sera votre prochain spectacle et quelles sont les choses que vous avez envie de dénoncer maintenant ?

PETER SELLARS : Ce n'est pas simplement dénoncer. C'est aussi aider les causes.

Est-ce qu'il y a des choses qui vous intéressent aujourd'hui, qui sont problématiques, dont vous avez envie de parler ?

PETER SELLARS : Oui, bien sûr. D'abord, la première question. Il y a pas mal de grands auteurs en ce moment. Pour moi, les plus forts d'entre eux écrivent de la poésie et des romans mais pas du théâtre. C'est une période où les auteurs les plus intéressants n'écrivent pas pour le théâtre. Alors, il faut les adapter, ou les inviter à travailler pour le théâtre, ce qui est souvent une insulte. Mais ça, c'est le but du théâtre. Les autres arts ont beaucoup emprunté au théâtre, dans les siècles passés. Maintenant c'est au théâtre d'emprunter aux autres arts : au cinéma, à la poésie, etc. Donc, oui, on vit dans une époque avec de très, très grands auteurs, tels que Ousmane Sembene, Ben Okri, Toni Morrison, Amin Maalouf… mais il faut les convaincre d'écrire pour le théâtre.

La plupart des écrivains de théâtre ne m'intéressent pas tellement parce qu'ils écrivent, presque toujours, des choses que je peux mettre en scène. Ça n'est pas intéressant. Je veux quelque chose que je ne sais pas mettre en scène, comme ça je dois vraiment découvrir. S'il y a une pièce que je comprends, aucune raison d'en faire une production. Je peux bien lire dans mon fauteuil, ça va. La seule façon de me faire comprendre une œuvre, c'est d'être dans une salle avec des gens très intéressants qui peuvent discuter et ajouter leurs points de vue pour que nous puissions arriver à une certaine compréhension. C'est le seul intérêt pour faire du théâtre. Ce n'est jamais pour trouver les choses qu'on savait déjà, avec lesquelles on est déjà confortable. Pour moi, la plupart des auteurs, des écrivains qui écrivent pour le théâtre, écrivent des choses qui sont confortables, pas grand-chose.

Enfin, prochainement, je ferai l'*Œdipe-Roi* de Stravinski, à Salzbourg, en août.

Après ça, je monterai, parce que le racisme maintenant… On contrôle les étrangers ici, c'est très offensant. Aux Etats-Unis, nous avons connu cette idéologie dans les années trente, insinuant que tous nos problèmes économiques étaient liés à la présence des étrangers parmi nous. Il faut les trouver et les mettre dans les trains. Il faut vraiment lutter contre ça, de façon très, très forte. Je vais monter *le Marchand de Venise* qui est l'analyse la plus aiguë des racines économiques du

Martinus Miroto dans *les Perses*.
© Wolfgang Kirchner

racisme. Mais je vais le changer, parce que j'habite Venice en Californie. *(Rires.)* Je vais changer Venise pour Venice, et Belmont sera Belair où habitent les Reagan, Ronald et Nancy habitent à Belair à deux pas de Venice. Dans le rôle des Juifs, je vais avoir des comédiens noirs, dans le rôle de Portia et ses amis, je vais avoir des Japonais, des Coréens, et les Vénitiens seront des Latinos. On va travailler pour une nouvelle campagne du non-racisme. La discussion sur les Juifs est toujours présente mais la question juive s'est élargie pour parler aussi des autres niveaux de racisme au quotidien.

C'est un spectacle que vous montez à Los Angeles ?

PETER SELLARS : Non, je ne peux jamais travailler dans ma propre ville. A Chicago, ils voulaient inviter la Royal Shakespeare Company. Mais je crois qu'ils ont manqué de moyens.

Quand vous montez un opéra, c'est souvent pour une minorité privilégiée qui voit ce spectacle ?

PETER SELLARS : Pourquoi travailler pour les minorités privilégiées ? Parce que tout d'abord on a dans la salle tous les gens qui prennent les grandes décisions de notre société. Ça vaut la peine de travailler à Glyndebourne. A Glyndebourne, on a un public très, très exclusif, on a les billets les plus chers du monde. Quand j'ai monté *la Flûte enchantée*, Margaret Thatcher, John Major étaient dans l'auditoire. Si on veut parler directement aux gens qui ont le pouvoir, on ne peut pas mieux faire. *(Applaudissements.)* Mais aussi, bien entendu, on tourne pour la télévision après, pour que ça puisse être vu d'une façon plus démocratique.

En France, vous pourrez continuer à découvrir mes prochains spectacles à la maison de la culture de Bobigny, je suis fidèle à ce lieu, toujours.

Peter Sellars.

PETER SELLARS, ESQUISSE D'UN PORTRAIT

Ecrire la biographie de quelqu'un qui s'est toujours expédié en trois lignes n'est pas chose facile. Peter Sellars est américain. Cela signifie que ses spectacles s'adressent en priorité aux Américains. Il a la trentaine et, plus que l'enfant prodige d'une génération, il est, pourrait-on dire, une génération à lui tout seul, longtemps après les avant-gardes des années soixante, longtemps après Julian Beck, Richard Foreman ou Robert Wilson. Plus hip-hop que hippy, plus sur le versant rap que sur le versant pop.

Peter Sellars est diplômé de la plus célèbre université américaine (Harvard) mais il n'est devenu ni golden boy, ni plus jeune candidat aux primaires démocrates pour les présidentielles. C'est au théâtre qu'il a choisi de consacrer son existence terrestre. Et dans un pays où le théâtre est traditionnellement un business, le show-business, il a choisi la voie étroite de l'art. Il a quand même opéré le détour obligé par Broadway où il a laissé à d'autres un musical célèbre dont on l'a dépossédé mais en lui laissant ses droits d'auteur avec lesquels il a pu fonder sa propre compagnie et l'entretenir pendant des années.

A vingt-quatre ans, il est nommé directeur du Kennedy Center à Washington où il monte notamment un mémorable *Comte de Monte-Cristo*. Mettre en scène ce qui est a priori injouable, de là peut naître le théâtre et il monte avec David Warrilow *Zanguezi*, du futuriste russe Khlebnikov. A trente ans, il a déjà monté une centaine de spectacles.

Mais c'est bientôt vers l'opéra que se tourne Peter Sellars et aussi vers l'Europe, chose paradoxale pour cet Américain militant du *Pacific Ring* qui considère la côte est des Etats-Unis comme un avatar du Vieux Monde. Il est vrai qu'entre-temps, il s'est mis à enseigner à U.C.L.A. (University of California in Los Angeles) les civilisations comparées, et qu'il a repris la direction, dans cette même ville de Los Angeles, du festival hérité des Jeux olympiques de 1984.

Peter Sellars fond sur l'opéra comme Tamerlan sur Samarkande : par tous les fronts. Grand répertoire classique, commandes d'œuvres à ses contemporains. L'opéra, qu'il aborde comme l'art majeur du théâtre en se fichant pas mal des stars et des records du monde du tir à la corde vocale. Le chanteur est d'abord un acteur… qui sait chanter. Côté répertoire, c'est la création du cycle Mozart-Da Ponte, *Cosi*, *Le Nozze*, *Don Giovanni*.

Un Mozart et un Da Ponte sortis du précieux écrin où les avait enfermés la jet-set internationale "amateur d'opéra" et replacés dans leur milieu : celui des bouges et des tavernes de cette Europe de fin de siècle (XVIIIe ou XXe, au choix) où se côtoient aventuriers, artistes, maçons et philosophes. Inséparable de cette trilogie, *la Flûte* montée à Glyndebourne – la jet-set se fâche – et le superbe *Jules César en Egypte* de Haendel qu'on a pu voir en France au Théâtre de Nanterre-Amandiers en 1990.

Côté commandes d'œuvres, début du travail avec le compositeur John Adams et la poétesse Alice Goodman. A Houston en 1987, il sort la première version de *Nixon in China* avec ce credo : oui, les hommes de maintenant ont un grand besoin d'épopée. Il faut étudier les nouveaux mythes fondateurs de civilisation, de culture, de société. La mémoire de nos contemporains est peuplée de dieux et de héros nouveaux venus dont il faut raconter les exploits, les hommes et les femmes de la fin du XXe siècle veulent qu'on leur conte leur propre histoire. Suit, quelques années plus tard à la Monnaie de Bruxelles, une autre œuvre signée par le couple Adams-Goodman, *The Death of Klinghoffer* ou comment deux grandes épopées, Israël et Ismaïl, en croisière sur un paquebot de plaisance italien, peuvent accoucher d'un acte tragique et incongru : balancer un *jewish* américain *middle class* paraplégique par-dessus bord.

La troisième œuvre de la même lignée, *Les Perses*, est, si l'on peut dire, seulement dramatique. Elle affirme, entre autres, que notre culture n'est pas un fourre-tout post-moderne mais qu'elle contient bien des réponses aux questions du monde et du théâtre contemporain. Retrouver un peu du théâtre antique qui, rappelons cette évidence, a posé le pourquoi du théâtre, c'est se rapprocher du théâtre trente siècles plus tard. Entre-temps, Peter Sellars a monté à Salzbourg et à l'Opéra-Bastille le *Saint François d'Assise*, autre héros des temps modernes, de Messiaen. Il répète actuellement à Chicago *le Marchand de Venise*, "une des réflexions les plus pertinentes sur les fondements économiques du racisme", et prépare une comédie musicale avec son compère John Adams dont la MC 93 Bobigny sera le producteur.

PATRICK SOMMIER
Juin 1994

OUVRAGE RÉALISÉ
PAR LES ATELIERS GRAPHIQUES ACTES SUD
REPRODUIT ET ACHEVÉ D'IMPRIMER
EN NOVEMBRE 1994
PAR L'IMPRIMERIE FLOCH
A MAYENNE,
SUR PAPIER DES
PAPETERIES DE JEAND'HEURS
POUR LE COMPTE DES ÉDITIONS
ACTES SUD
LE MÉJAN
13200 ARLES

DÉPÔT LÉGAL
1re ÉDITION : NOVEMBRE 1994
No impr. : 36759.
(Imprimé en France)